Dictionary Food Legislation
English – German
German – English

Wörterbuch Lebensmittelrecht
Englisch – Deutsch
Deutsch – Englisch

Bibliografische Information der Deutschen Bibliothek
Die Deutsche Bibliothek verzeichnet diese Publikation in der Deutschen Nationalbibliografie; detaillierte bibliografische Daten sind imInternet über http://dnb.ddb.de abrufbar

Lück, Erich:
Dictionary Food Legislation - Wörterbuch Lebensmittelrecht/ [Erich Lück].
– 1. Aufl. – Hamburg: Behr, 2002
ISBN 3-89947-035-4

Tel. 00 49/40/22 70 08-0 • Fax 00 49/40/2 20 10 91
e-mail: info@behrs.de homepage: http://www.behrs.de
1. Auflage 2002

Druck und Verarbeitung: Kessler Verlagsdruckerei, Bobingen

Dictionary Food Legislation

English – German
German – English

Wörterbuch Lebensmittelrecht

Englisch – Deutsch
Deutsch – Englisch

Erich Lück

BEHR'S...VERLAG

Der Autor

Dr. Erich Lück hat Pharmazie und Lebensmittelchemie an den Universitäten Mainz und Frankfurt/Main studiert. Nach der Promotion im Fach Lebensmittelchemie war er 35 Jahre lang in der Industrie auf dem Gebiet der Forschung und Entwicklung von Lebensmittelzusatzstoffen tätig. Neben zahlreichen Fachartikeln hat er mehrere Bücher über Lebensmittelkonservierung und Lebensmittelzusatzstoffe verfasst, die teilweise in andere Sprachen übersetzt worden sind wie Englisch, Spanisch, Arabisch und Russisch. Darüber hinaus hat er Fachwörterbücher in vier Sprachen auf dem Lebensmittelgebiet erarbeitet, herausgegeben oder redaktionell begleitet.

Sein bedeutsamstes Werk ist das im Jahr 2002 im Behr´s Verlag erschienene „Großwörterbuch des Lebensmittelwesens“ Englisch-Deutsch mit ca. 50.000 Wortstellen und ca. 70.000 Übersetzungen.

Vorwort

Die Globalisierung , die internationale Vernetzung, erfasst immer mehr auch das Lebensmittelwesen. Damit ist die englische Sprache schon längst zur lingua franca der Lebensmittelwissenschaft und der Lebensmitteltechnik geworden. Die Wirtschaft ist gefolgt, denn auch Lebensmittel werden zunehmend international gehandelt. Man mag es bedauern oder nicht, die Korrespondenz und der sonstige Verkehr selbst mit Ländern wie Frankreich, Italien, Spanien und anderen großen Industrienationen wird zunehmend in englische Sprache abgewickelt. Für Führungs- und Fachkräfte ist eine solide Kenntnis der englischen Sprache, auch und besonders der Fachsprache heute unerlässlich. Wer nicht englisch spricht, muss sich in dieser Sprache zumindest passiv auskennen. Das heißt, er muss die englischsprachigen Fachbegriffe kennen und verstehen.

Im Lebensmittelrecht war die Situation in den letzten Jahrzehnten nicht ganz so dramatisch. Das hat sich aber geändert: In Europa herrschen inzwischen (fast) einheitliche Gesetze, Bestimmungen und sonstige Rechtsvorschriften. Viele dieser gesetzlichen Quellen sind vielfach zunächst in Englisch abgefasst. Zwar werden sie zumeist kraft Gesetzes in allen Amtssprachen der EU übersetzt; in der Praxis wickeln sich die meisten Diskussionen aber hauptsächlich in englischer Sprache ab. Ohne Frage kommt man deshalb auch im Lebensmittelrecht nicht mehr ohne detaillierte englischsprachige Kenntnisse aus. Wo findet man die richtigen Übersetzungen der einschlägigen Begriffe? Selbst große gemeinsprachliche Wörterbücher lassen einen sofort im Stich. Es kann auch nicht deren Ziel sein, in einer derartigen „Nische“ exakte und zuverlässige Informationen zu vermitteln. Auf der nächsten Stufe ist es nur ein wenig besser: Die zahlreichen und teilweise hervorragenden englisch-deutschen und deutsch-englischen juristischen Fachwörterbücher behandeln das Lebensmittelrecht so gut wie nicht. Als der Behr´s Verlag mir die Anregung gab, diese Lücke zu füllen, musste ich als Autor des dort soeben in der 4. Auflage erschienenen „Großwörterbuch des Lebensmittelwesens“ dem weltweit größten englisch-deutschen Fachwörterbuch auf diesem Gebiet, feststellen, dass der Sektor Lebensmittelrecht auch hier Defizite aufweist. Umso lieber habe ich mich bemüht, sie mit diesem Wörterbuch zu schließen.

Es war nicht einfach. „Brot“ ist in der englischen Sprache „bread“, auch wenn sich deutsches und US-amerikanisches Brot grundsätzlich unterscheiden. Gleiches gilt für viele andere Lebensmittel, die sich zwar in den beiden Sprachen sehr ähneln, aber deren Übersetzungen oft nicht vollkommen deckungsgleich sind.

Bei den lebensmittelrechtlichen Begriffen sind diese Probleme wesentlich größer: Hier sind nicht nur technische Ungleichheiten zu überbrücken.

Man muss darüber hinaus fast immer zwischen verschiedenen Rechtssystemen vermitteln. So unterscheidet sich die Systematik des deutschen Lebensmittelrechts sehr deutlich von der des englischen; das US-amerikanische Lebensmittelrecht ist wieder anders aufgebaut, auch wenn es (weitgehend) in der gleichen Sprache abgefasst ist wie das englische. Als Beispiel für besonders krasse Fälle seien die Begriffe „Bedarfsgegenstände" und „Inverkehrbringen" angeführt, die in § 5 und § 7 (1) des LMBG definiert sind. Sie sind sehr weit gefasst und betreffen Gegenstände oder Tätigkeiten, die nur wenig Gemeinsamkeiten haben. In den lebensmittelrechtlichen Bestimmungen englischsprachiger Länder sind sie in ganz anderer Weise geregelt. Folglich gibt es für die beiden genannten und einige weitere derartige deutschsprachige Rechtsbegriffe keine englischsprachige Äquivalente. In vorliegendem Wörterbuch wurden solche Schwierigkeiten durch in runde Klammern gesetzte Erklärungen und Näherungen überbrückt.
Inhalt dieses Wörterbuches sind Fachbegriffe des allgemeinen Lebensmittelrechts sowie Tätigkeiten und Verfahren, die lebensmittelrechtlich von Bedeutung sind. Einzelne Lebensmittel sind nur ausnahmsweise aufgenommen worden. Bei Zutaten und Zusatzstoffen wurden nur die Klassennamen aufgeführt; sehr spezielle Begriffe, z. B. des Weinrechts und anderer Sektoren wurden bewusst ausgespart, um den Rahmen eines solchen Spezialwörterbuches nicht zu sprengen.
Als Quellen dienten deutsch- und englischsprachige Rechtsvorschriften aller Art, auch solche der Europäischen Union.

Bad Soden, Herbst 2002 Dr. Erich Lück

Benutzte Abkürzungen

amer.	= amerikanisch
AT	= vorwiegend in Österreich benutztes Wort
bes.	= besonders
EU	= Europäische Union
[f]	= Wort weiblichen Geschlechtes (Femininum)
GB	= vorwiegend in Großbritannien benutztes Wort
LMBG	= Lebensmittel- und Bedarfsgegenständegesetz
[m]	= Wort männlichen Geschlechtes (Masculinum)
[n]	= Wort sächlichen Geschlechtes (Neutrum)
o.	= oder
[pl]	= Plural
UK	= Vereinigtes Königreich
US	= vorwiegend in den USA benutztes Wort

Erster Teil

English - German
Englisch - Deutsch

A

A; A 1 siehe premium quality

abuse Missbrauch [m]

acceptable daily intake siehe ADI

acceptable quality level annehmbare Qualitätsgrenze [f]

accessory Hilfsstoff [m]; Begleitstoff [m]

accompanying documents Begleitpapiere [pl n]

according to law siehe legal

accredit akkreditieren

accrediting Akkreditierung [f]

acid siehe acidulant

acid food US (Lebensmittel, das natürlicherweise einen pH-Wert unter 4,6 aufweist)

acidified food US (Lebensmittel mit einem pH-Wert unter 4,6 u. einer Wasseraktivität über 0,85)

acidifier siehe acidulant

acidity regulator GB; pH control agent US; pH modification agent US Säureregulator [m]

acidulant US; acidifier; acid Säuerungsmittel [n]

act siehe law

add zusetzen

additive siehe food additive

adequate labelling ausreichende Kenntlichmachung [f]

ADI; acceptable daily intake duldbare tägliche Aufnahmemenge [f]; DTA [f]

adjunct Zuschlag [m]; Zuschlagstoff [m] (ohne eigene Funktion)

adjuvant Hilfsstoff [m]

administrative offence Ordnungswidrigkeit

adulterant Verfälschungsmittel [n]; Streckmittel [n]

adulterant verfälschend

adulterate verfälschen

adulterate panschen (Wein)

adulterately; adulterously in verfälschender Weise; mit verfälschender Absicht

adulteration; falsification Verfälschung [f]

adulteration Panschen [n] (Wein)

adulterously siehe adulterately

advertisement Werbung [f]; Werbeanzeige [f]

Advisory Committee on Food Beratender Lebensmittelausschuss [m] (der EU)

aerating agent siehe foaming agent

aerating agent siehe leavening agent

agricultural produce siehe agricultural product

agricultural product; agricultural produce Agrarerzeugnis [n]

aid siehe processing aid

alcohol tax US siehe duty on alcohol GB

allergen Allergen [n]

ALOP siehe appropriate level of protection

amendment Ergänzung [f]; Berichtigung [f] (Gesetz)

amino acid Aminosäure [f]

analog US siehe substitute

analog US siehe imitate

analogue siehe substitute

analogue siehe imitate

animal diseases law Tierseuchengesetz [n]

animal feed siehe feed

antiagglomerant siehe anticaking agent

antibaking agent US siehe anticaking agent

anticaking agent; antibaking agent US; antiagglomerant; lubricant; free-flow agent; free-flowing agent; glidant; flow conditioner; flowing aid; flow aid Antibackmittel [n]; Antiklumpungsmittel [n]; Rieselhilfe [f] (Mittel zur Erhaltung der Rieselfähigkeit)

anticrumbing agent siehe antidusting agent

antidusting agent; dust control agent; anticrumbing agent (Mittel zur Verhütung der Staubbildung)

antifoam US siehe antifoaming agent

antifoam agent US siehe antifoaming agent

antifoaming agent; antifoam US; defoaming agent; antifoam agent US; defoamer; foam control agent; foam retarding agent Entschäumer [m]; Schaumverhütungsmittel [n]

antimicrobial agent siehe preservative

antimicrobial preservative siehe preservative

antioxidant Antioxidans [n]; Antioxidationsmittel [n]

antistick agent siehe release agent

appropriate level of protection; ALOP angemessener Grad [m] des Verbraucherschutzes

approval Zulassung [f] (Lebensmittelrecht)

approve zulassen (Lebensmittelrecht)

aroma additive siehe flavour addition

aroma compound; flavour compound GB; flavor compound US Aromabestandteil [m]

aroma extract Aromaextrakt [m]

aroma substance siehe flavouring agent

aromatic Aromatisierungsmittel [n]; Duftstoff [m]

artificial künstlich; nachgemacht

artificial colourant siehe artificial colour

artificial colour; artificial colouring; artificial colourant künstlicher Farbstoff [m]

artificial colouring siehe artificial colour

artificial flavour; artificial flavouring substance; artificial flavouring agent künstlicher Aromastoff [m]

artificial flavouring agent siehe artificial flavour

artificial flavouring substance siehe artificial flavour

artificial sweetener siehe intense sweetener

authentication Authentifizierung [f]; Echtheitsbescheinigung [f]

authenticity; genuineness Authentizität [f]; Echtheit [f]; Unverfälschtheit [f]

authorization siehe legal permission

authorization; power Ermächtigung [f] (z. B. für eine Verordnung)

average consumer Durchschnittsverbraucher [m]

average weight Durchschnittsgewicht [n]

B

B zweite Qualität; zweite Güteklasse

bakery additive; baking agent; baking additive; bread improver; baking improver Backmittel [n]

baking additive siehe bakery additive

baking agent siehe bakery additive

baking good; baking ingredient Backzutat [f]

baking improver siehe bakery additive

baking ingredient siehe baking good

ban siehe prohibition

bar code Strichcode [m]; EAN-Code [m]

batch Ansatz [m]; Charge [f]; Partie [f]

batch number; lot number Chargennummer [f]; Lotnummer [f]; Partienummer [f]

beer taxation Bierbesteuerung [f]

best before; use before US mindestens haltbar bis...

best-before date siehe minimum durability

beverage tax Getränkesteuer [f]

bill US Gesetzesvorlage [f]

binder siehe thickening agent

binder Bindemittel [n] (Tabletten)

binding agent siehe thickening agent

bleaching agent Bleichmittel [n]

bond Zollverschluss [m]

bonded unter Zollverschluss [m]

bonded store; bond warehouse; bonded warehouse Zollager [n]

bonded warehouse siehe bonded store

bond warehouse siehe bonded store

bottle auf Flaschen [pl f] füllen; abfüllen

bottled by... abgefüllt von...

bottled for... abgefüllt für...

bottler Abfüller [m]

box siehe pack

brand Marke [f]

brand Warenklasse [f]; Warenqualität [f]

brand signieren

branded food Markenprodukt [n] (Lebensmittel mit einem Markennamen)

brand name; proprietary name Markenname [m]

bread improver siehe bakery additive

British Standard siehe BS

BS; British Standard Britische Norm [f]

bulk; bulk goods lose Ware [n]

bulk goods siehe bulk

bulking agent; bulking aid; filling agent; filler Füllstoff [m]

bulking aid siehe bulking agent

bulk sweetener siehe nutritive sweetener

C

calorie reduced siehe energy reduced

calorie reduced food; countline product brennwertvermindertes Lebensmittel [n]

capacity marking Füllmengenangabe [f]; Füllmengenbezeichnung [f]

carrier Trägerstoff [m]

carrier solvent Trägerlösemittel [n]

carry over (Übergang von einem Lebensmittel auf ein anderes im Wege der Verarbeitung)

carry through effect (Wirkung eines dem Rohstoff zugesetzten Wirkstoffes bis zum Endprodukt)

category Kategorie [f] (z.B. von Zusatzstoffen)

caterer Caterer [m] (Lieferant für Speisen u. Getränke)

certificate Bescheinigung [f]

certification mark US siehe quality mark

CFR siehe Code of Federal Regulations

chelating agent siehe sequestrant

chew kauen

chewing Kauen [n]

chewing gum base siehe masticatory substance

choice siehe premium quality

C.I. siehe Colour Index

claim Werbebehauptung [f]

clarifier siehe clarifying agent

clarifying agent; clarifier; fining agent; precipitant; precipitating agent; flocculating agent; flocculant; flocculent US; clarifying aid; fining Klärmittel [n]; Klärhilfsmittel [n]; Schönungsmittel [n]; Flockungsmittel [n]; Fällungsmittel [n]

clarifying aid siehe clarifying agent

clean labeling (Wunsch, keinen Zusatzstoff deklarieren zu müssen)

clouding agent Trubstabilisator [m]; Trübungsmittel [n]

coating Überzug [m]

Code of Federal Regulations; CFR (Sammlung der US-amer. Bundesgesetze)

Code of Practice (Verfahrenshandbuch; Sammlung von Gesetzen, Verordnungen und Regeln)

coined trademark US siehe made-up name

collation pack siehe multipack

color additive US siehe colour

colorant US siehe colour

color control agent US siehe colour fixative

coloring agent US siehe colour

color retention agent US siehe colour fixative

color stabilizer US siehe colour fixative

colour GB; color additive US; food colour GB; colourant GB; colorant US; colouring agent GB; colouring matter GB; coloring agent US; food dye Lebensmittelfarbstoff [m]; Farbstoff [m]; Farbstoffzusatz [m]; Farbmittel [n]; Färbemittel [n]

colourant GB siehe colour

colour fixative; colour control agent US; colour stabilizer GB; color stabilizer US; color retention agent US Farbstabilisator [m]

Colour Index; C.I. (von britischen und US-amerikanischen Handelsorganisationen herausgegebenes Nachschlagewerk für Farbstoffe mit Nummern und Detailinformationen für jeden Einzelfarbstoff)

colouring agent GB siehe colour

colour stabilizer GB siehe colour fixative

commercially gewerbsmäßig

common organization of the market Gemeinsame Marktorganisation [f]

Community law Gemeinschaftsrecht [n] (der EU)

complexing agent siehe sequestrant

compositional standard Norm [f] für die Zusammensetzung (eines Lebensmittels)

compounded food GB zusammengesetztes Lebensmittel [n]

compound ingredient zusammengesetzte Zutat [f]

condemn; object beanstanden

condemnation; objection Beanstandung [f]

condemnation level Beanstandungsgrenze [f]

condemned beanstandet

confiscation Einziehung [f]

conformity Übereinstimmung [f]; Konformität [f] (mit einer Probe)

connective tissue Bindegewebe [n]

consignement Sendung [f]; Partie [f]

consolidation Zusammenfassung [f] (mehrerer Einzelverordnungen)

consume verzehren

consumer Verbraucher [m]

consumer expectations Verbrauchererwartung [f]

consumer fraud Verbraucherbetrug [m]; Betrug am Verbraucher

consumer group Verbrauchergruppe [f]

consumerism Verbraucherschutzbewegung [f]; Konsumrismus [m] (überkritische Verbrauchereinstellung)

consumer pack; consumer package; prepackaged good Fertigpackung [f]

consumer package siehe consumer pack

consumer protection Verbraucherschutz [m]

consumer sales siehe marketing

consumption Verzehren [n]; Verzehr [m]

contact material (Material im Kontakt mit Lebensmitteln)

contain enthalten

container Behälter [m]; Behältnis [n]

contaminant; incidental additive US; unintentional food additive US Kontaminante [f]

contamination Kontamination [f]; Verunreinigung [f]

content Gehalt [m]

content Inhalt [m]

contravention Zuwiderhandlung [f]; Übertretung [f] (einer Vorschrift)

control sample; counter sample Gegenprobe [f]

cooking salt; table salt Kochsalz [n]

cosmetic Kosmetikum [n]; kosmetisches Mittel [n]

council directive siehe directive

council regulation siehe regulation

counter sample siehe control samples

countline product siehe calorie reduced food

country of origin Herkunftsland [n]; Ursprungsland [n]

criminal offence Straftat [f]

criterion Kriterium [n]; Kennzeichnungsmerkmal [n]

crop protectant siehe plant protectant

cultures of microorganisms; starter cultures Mikroorganismenkulturen [pl f]

D

dairy legislation Milchgesetzgebung [f]

DAL siehe defect action level

dangerous siehe injurious to health

date coding; dating; date marking; date stamping Datumskennzeichnung [f]; Datumskodierung [f]

date-elapsed food (Lebensmittel mit abgelaufenem Mindesthaltbarkeitsdatum)

date marking siehe date coding

date of expiry siehe expiration date

date of manufacture; manufacturing date; date of production Herstelldatum [n]; Herstellungsdatum; Fabrikationsdatum [n]

date of minimum durability siehe minimum durability

date of packaging Abpackdatum [n]

date of production siehe date of manufacture

date stamping siehe date coding

dating siehe date coding

deceive täuschen

deception Täuschung [f]

deceptive täuschend

declaration Deklaration [f]; Kennzeichnung [f]

declaration liability Kennzeichnungspflicht [f]

declaration of origin Herkunftsbezeichnung [f]

declare deklarieren; kennzeichnen

decontamination Entseuchung [f]

defect action level; DAL (von der FDA festgelegter Höchstgehalt an Kontaminanten für Importprodukte, z. B. Gewürze)

definition Begriffsbestimmung [f]

defoamer siehe antifoaming agent

defoaming agent siehe antifoaming agent

delivery siehe handing over

denaturation Vergällung [f]; Denaturierung [f]

denature denaturieren; vergällen; ungenießbar machen

depanning agent siehe release agent

deposit Pfand [n] (Flaschen usw.)

descending order absteigende Reihenfolge [f] (Zutatenliste)

designer food siehe functional food

destined for ... bestimmt für...

deteriorated wertgemindert

deterioration Wertminderung [f]

diabetic food Diabetikerlebensmittel [n]

dietary fiber US siehe dietary fibre GB

dietary fibre GB; dietary fiber US Ballaststoff [m]

dietary law Speisegesetz [n]

dietetic food GB; dietary food US; food for special dietary use US diätetisches Lebensmittel [n]; Diätlebensmittel [n]

directive; council directive Richtlinie [f] (der Europäischen Union, die von den Mitglied-staaten in nationales Lebens-mittelrecht umzusetzen ist)

disinfectant; sanitizer US; sanitizing agent US Desinfektionsmittel [n]

disinfection; sanitizing US Desinfektion [f]

disinfestation Entwesung [f]

display auslegen, zur Schau stellen

display Auslage [f]

drained weight Abtropfgewicht [n]

drink trinken

drinking Trinken [n]

drug Arzneimittel [n]

dust control agent siehe antidusting agent

duty GB; tax Steuer [f]; Abgabe [f]

duty of care Sorgfaltspflicht [f]

duty on alcohol GB; alcohol tax US; liquor tax US; excise Alkoholsteuer [f]

E

"e", "e" mark "e" (Vermerk auf Etiketten, wenn bei der Abfüllung bestimmte eichrechtliche Anforderungen erfüllt sind)

eat essen

eating Essen [n]

ecological ökologisch

ecologically grown food Lebensmittel [n] aus ökologischem Anbau

"e" mark siehe "e"

emergency Dringlichkeitsfall [m]

emergency control order GB; emergency prohibition notice GB (Eilverordnung bei Vorliegen besonderer gesundheitlicher Risiken)

emergency prohibition notice GB siehe emergency control order GB

emphasis siehe special emphasis

empower ermächtigen

emulsifier; emulsifying agent Emulgator [m] (Stoff)

emulsifying agent siehe emulsifier

emulsifying salt Schmelzsalz [n] (Schmelzkäse)

energy reduced; calorie reduced brennwertvermindert; kalorienvermindert

energy statement Brennwertangabe [f]

enforcement Inkraftsetzung [f] (gesetzliche Bestimmung)

enjoyment value Genusswert [m]

enriched with... angereichert mit...

E number E-Nummer [f]

environmental contaminants Umweltkontaminanten [pl f]

enzyme Enzym [n]

enzyme preparation; industrial enzyme Enzympräparat [n]; Enzymzubereitung [f]

exceptional provision; exemption permit; exemption provision; statutory exemption Ausnahmegenehmigung [f]

excise laws US siehe licensing laws

exemption Ausnahmeregelung [f]

exemption permit siehe exceptional provision

exemption provision siehe exceptional provision

expert Sachkenner [m]; Sachverständiger [m]

expiration date; date of expiry; expiry date; sell-by date Verfallsdatum [n]

export Export [m]; Ausfuhr [f]

exporter Exporteur [m]

extractant siehe extracting solvent

extracting solvent siehe extraction solvent

extraction solvent; extracting solvent; extractant Extraktionslösemittel [n] Extraktionslösungsmittel [n]

F

fabricator siehe producer

factory control siehe production control

false falsch; unecht; unwahr; unrichtig; nachgemacht

false trade description falsche Bezeichnung [f] (Angabe auf Etiketten usw.)

falsification siehe adulteration

falsly describing falsche Bezeichnung [f] (Tätigkeit)

FAO; Food and Agriculture Organization of the United Nations (Lebensmittel- und Landwirtschafts-Organisation der Vereinten Nationen)

FDA siehe Food and Drug Administration

feed; feedstuff Futtermittel [n]

feedstuff siehe feed

fertilizer residues Düngemittelrückstände [pl n]

field of vision Sichtfeld [n]; Blickfeld [n] (Lebensmitteletikett)

fill abfüllen

filler siehe bulking agent

filling Abfüllen [n]

filling agent siehe bulking agent

filling quantity Füllmenge [f]

final product Enderzeugnis [n]

fine Bußgeld [n]

fine fein; von besonderer Qualität [f]

fining siehe clarifying agent

fining agent siehe clarifying agent

flavor enhancer US siehe flavour enhancer

flavor modifier US siehe flavour enhancer

flavor potentiator US siehe flavour enhancer

flavour addition; aroma additive Aromazusatz [m]

flavour compound GB siehe aroma compound

flavour enhancer GB; flavour potentiator GB; flavor enhancer US; flavor potentiator US; flavor modifier US Aromaverstärker [m]; Geschmacksverstärker [m]

flavouring GB siehe flavouring agent

flavouring agent; flavouring substance; flavouring GB; aroma substance; flavouring ingredient Aromastoff [m]; Aromatisierungsmittel [n]

flavouring ingredient siehe flavouring agent

flavouring substance siehe flavouring agent

flavour potentiator GB siehe flavour enhancer

flocculating agent siehe clarifying agent

flocculent US siehe clarifying agent

flour additive siehe flour treatment agent

flour improver siehe flour treatment agent

flour treating agent siehe flour treatment agent

flour treatment agent; flour treating agent; flour improver; flour additive Mehlbehandlungsmittel [n]; Mehlverbesserungsmittel [n]

flow aid siehe anticaking agent

flow conditioner siehe anticaking agent

flowing aid siehe anticaking agent

foam control agent siehe antifoaming agent

foam improver siehe foam stabilizer

foaming agent; aerating agent; whipping agent Verschäumungsmittel [n]; Aufschlagmittel [n]; Schaummittel [n]

foam retarding agent siehe antifoaming agent

foam stabilizer; foam strengthening agent; foam improver Schaumstabilisator [m]; Schaumstabilisierungsmittel [n]

foam strengthening agent siehe foam stabilizer

food; foodstuff Lebensmittel [n]; Nahrungsmittel [n]

food additive; intentional food additive US; additive Lebensmittelzusatzstoff [m]; Lebens-mittelzusatz [m]; Zusatzstoff [m]

food adulteration Lebensmittelverfälschung [f]

Food and Agriculture Organization of the United Nations siehe FAO

Food and Drug Administration; FDA (oberste Lebensmittelbehörde der USA)

Food and Environment Protection Act (Gesetz über den Schutz des Verbrauchers vor Umweltgefahren in Lebensmitteln im UK)

food authenticity Lebensmittelechtheit [f]

food business Lebensmittelgewerbe [n] (im weitesten Sinne)

food colour GB siehe colour

food component; food ingredient; ingredient Nahrungsbestandteil [m]; Lebensmittelinhaltsstoff [m]; Lebensmittelbestandteil [m]

food contaminant Lebensmittelkontaminante [f]

food control Qualitätskontrolle [f] von Lebensmitteln

food dye siehe colour

food flavouring (einem Lebensmittel zugesetzter Aromastoff)

food for special dietary use US siehe dietetic food GB

food for special medical purposes bilanzierte Diät [f] (diätetisches Lebensmittel für besondere medizinische Zwecke)

food for specified health use siehe functional food

food grade für Lebensmittel [pl n] geeignet; lebensmittelgeeignet

food ingredient siehe food component

food inspection; food surveillance; food supervision; food monitoring Lebensmittelüberwachung [f]

food irradiation; irradiation Lebensmittelbestrahlung [f]

food labelling Lebensmittelkennzeichnung [f]

food law Lebensmittelgesetz [n]

food legislation; food regulations Lebensmittelgesetzgebung [f]; Lebensmittelrecht [n]

food monitoring Lebensmittel-Monitoring [n]

food monitoring siehe food inspection

food premises Lebensmittelanlage [f] (innerhalb einer anderen Fabrik)

food preservative siehe preservative

food processing aid siehe processing aid

food product Lebensmittelprodukt [n]

food regulations siehe food legislation

food safety; food security Lebensmittelsicherheit [f]

Food Safety Act (Lebensmittelhygiene-Verordnung im UK)

food safety objective; FSO Zielwert [m] der Lebensmittelsicherheit

food safety requirements Anforderungen [pl f] an die Lebensmittelsicherheit

food security siehe food safety

food source Lebensmittelrohstoff [m]

food standard US Lebensmittelnorm [f]; Norm [f] für Lebensmittel

foodstuff Rohstoff [m] zur Lebensmittelherstellung

foodstuff siehe food

food supervision siehe food inspection

food supplement Nahrungsergänzungsmittel [n]

food surveillance siehe food inspection

formula US siehe formulation

formulation; formula US; recipe GB; Herstellungsvorschrift [f]; Rezept [n]; Rezeptur [f]; Herstellungsrezept [n]

framework directive Rahmenrichtlinie [f] (für Zusatzstoffe in der EU)

fraud Betrug [m]

free-flow agent siehe anticaking agent

free-flowing agent siehe anticaking agent

free from... frei von...; ohne...

free trade freier Warenverkehr [m]

FSO siehe food safety objective

fully licenced (mit voller Alkohollizenz)

functional food; designer food; food for specified health use; nutraceutical; pharmafood funktionelles Lebensmittel; (Lebensmittel, denen man zusätzlich zu ihrer ernährungsphysiologischen Bedeutung gesundheitsfördernde Funktionen zuschreibt)

functional food additive (Zusatzstoff mit gesundheitsfördernden Eigenschaften)

functional ingredient (Lebensmittelzutat mit gesundheitsfördernden Eigenschaften)

G

gabelle siehe salt tax

gelant siehe gelling agent

gellant siehe gelling agent

gelling agent GB; jellifying agent US; jelling agent US; setting agent; gellant; gelant Geliermittel [n]; Gelierhilfsmittel [n]

generally recognized as safe siehe GRAS

generic name Freiname [m]; generische Bezeichnung [f]

generic name Verkehrsbezeichnung [f]

gene technology Gentechnik [f]

genetically modified; GM genetisch verändert

genetically modified food; GM food genetisch verändertes Lebensmittel [n]

genetically modified organisms; GMOs genetisch veränderte Mikroorganismen [pl m]

genuineness siehe authenticity

geographical indication geographische Angabe [f]

glacing agent siehe glazing agent

glazing agent; glacing agent Glasiermittel [n]; Überzugsmittel [n]

glidant siehe anticaking agent

GLP siehe good laboratory practice

GM siehe genetically modified

GM food siehe genetically modified food

GMOs siehe genetically modified organisms

GMP siehe good manufacturing practice

good laboratory practice; GLP gute Laborpraxis [f]

good manufacturing practice; GMP gute Herstellungspraxis [f]; einwandfreie Fabrikationsweise [f]

grade Handelsklasse [f]

grandfather clause US (Ausnahme von einer lebensmittelrechtlichen Regelung aufgrund einer früheren Verordnung)

GRAS; generally recognized as safe (als unschädlich anerkannt)

guideline Leitsatz [m]

gum base siehe masticatory substance

H

HACCP; hazard analysis and critical control points produkt- und prozessspezifische Risikoanalyse [f] (gezielte Qualitätskontrolle von Lebensmitteln)

halal halal (rein im Sinne der muslimischen Speisegesetze)

handing over; delivery Abgabe [f] (an den Verbraucher)

haram haram (unrein im Sinne der muslimischen Speisegesetze)

harmful siehe injurious to health

harmlessness siehe safeness

have regard to ... gestützt auf...; auf Grund von... (Bezeichnung in Richtlinien der EU im Sinne von gesetzlichen Grundlagen)

hazard analysis and critical control points siehe HACCP

health claim gesundheitsbezogene Werbeaussage [f]

health food; organic food; natural food Reformkost [f]; Gesundheitskost [f]

health message gesundheitsbezogene Aussage [f]

health protection; protection of health Schutz [m] der Gesundheit; Gesundheitsschutz)

health risk Gesundheitsrisiko [n]

hearing Anhörung [f]

hechsher; kosher certificate Koscherzertifikat [n]; Koscherzeugnis [m] (rabbinisches Gütesiegel für koschere Produkte)

high intensity sweetener siehe intense sweetener

high potency sweetener siehe intense sweetener

hygiene Hygiene [f]

hygienic standard Hygienestandard [m]

I

identification Kenntlichmachung [f]

illegal gesetzeswidrig; illegal; rechtswidrig

imitate nachmachen

imitate; analogue; analog US Imitat [n]

immediate consumption unmittelbarer Verzehr [m]; sofortiger Verzehr [m]; Verzehr [m] an Ort und Stelle

implement Gebrauchsgerät [n]; Werkzeug [n]; Gerät [n]

implementation Umsetzung [f] (einer Richtlinie in nationales Recht)

implied claim US (stillschweigend mit einbegriffener Teil einer Werbeaussage)

implimenting regulation Durch-führungsbestimmung [f]

import Import [m]; Einfuhr [f]

ingredients statement US siehe list of ingredients

injurious to health; dangerous; harmful gesundheitsschädlich

importer Importeur [m]

improvement notice GB (Empfehlung eines Lebensmittelkontrolleurs, bestimmte Fehler zu beheben)

incidental additive US siehe contaminant

indirect food additive US (aus Verpackungsmitteln auf Lebens-mittel übergehender Stoff)

industrial enzyme siehe enzyme preparation

information label Informationsetikett [n]

ingredient; food ingredient Zutat [f]; Lebensmittelzutat [f]

ingredient list siehe list of ingre-dients

ingredient listing Zutatenkennzeichnung [f]

inspect inspizieren; kontrollieren

instructions for use Gebrauchs-anweisung [f]

intelligibility Verständlichkeit [f] (Packungsaufschrift)

intelligible verständlich (Packungsaufschrift)

intended for human consumption zum Verzehr [m] bestimmt

intense sweetener; high intensity sweetener; artificial sweet-ener; high potency sweetener Süßstoff [m]; Intensivsüßstoff [m]

intentional food additive US siehe food additive

introduction into the stomach Zufuhr [f] in den Magen

invented name siehe made-up name

ion-exchanger Ionenaustauscher [m]

ionizing irradiation ionisierende Bestrahlung [f]

irradiation siehe food irradiation

irradiation Bestrahlung [f]

J

jellifying agent US siehe gelling agent

jelling agent US siehe gelling agent

jelly bean rule US (Verbot von gesundheitsbezogenen Werbeaussagen bei Lebensmitteln ohne wesentlichen Nährwert)

K

kasher siehe kosher

kashrus (Status einer Speise im Sinne der jüdischen Speisegesetze)

kashrut GB; kashruth US jüdische Speisegesetze [pl n]; mosaische Speisegesetze [pl n]

kashruth US siehe kashrut GB

keeping in stock Vorrätighalten [n]

keep in stock vorrätig halten

kosher; kasher koscher

kosher certificate siehe hechsher

L

label deklarieren

label declaration Packungsdeklaration [f]

labeling US siehe labelling

labeling act US Kennzeichnungsvorschrift [f]

labelling GB; labeling US Etikettierung [f]

labelling requirements Kennzeichnungsvorschriften [pl f]

law; act Gesetzesvorschrift [f]; Gesetz [n] (im Lebensmittelbereich ist im GB mehr der Begriff act; im US mehr der Begriff law gebräuchlich)

leavener siehe leavening agent

leavening agent; aerating agent; raising agent; leavener Teiglockerungsmittel [n]; Triebmittel [n]; Backtriebmittel [n]

legal; according to law legal

legal authorization siehe legal permission

legally prescribed gesetzlich vorgeschrieben

legal permission; permission; authorization; legal authorization lebensmittelrechtliche Zulassung [f]; Zulassung [f]

legal status Rechtsposition [f]; Rechtsstellung [f] (Zusatzstoff)

legislation Gesetzgebung [f]

liability Haftung [f] (im gesetzlichen Sinne)

liable haftbar; verantwortlich

licence GB; license US Konzession [f]; Erlaubnis [f]; behördliche Genehmigung [f] (zum Alkoholausschank)

license konzessionieren

licensed restaurant (Restaurant mit Konzession zum Ausschank alkoholischer Getränke)

licenser; licensor Konzessionsgeber [m]

license US siehe licence GB

licensing laws GB; excise laws US Schankgesetze [pl n]; Alkoholgesetze [pl n]

licensor siehe licenser

light leicht

list of ingredients; ingredient list; ingredients statement US Zutatenliste [f]; Zutatenverzeichnis [n]

lot; parcel Posten [m]; Los [n]; Charge [f]

lot number siehe batch number

lot labelling Los-Kennzeichnung [f]

lot size Losumfang [m]

low calorie kalorienarm

low cholesterol cholesterinarm

low fat fettarm

low sodium natriumarm

lubricant siehe anticaking agent

lubricant siehe release agent

M

made-up name; invented name; coined trademark US Phantasiebezeichnung [f]

make provision Vorsorge [f] treffen (dass eine Bestimmung eingehalten wird)

maker siehe producer

manufacturer siehe producer

manufacturing auxiliary GB siehe processing aid

manufacturing date siehe date of manufacture

mark Bezeichnung [f]; Markierung [f]

mark Marke [f]; Schutzmarke [f]

market vermarkten; in den Verkehr bringen

market Markt [m]

marketing; consumer sales Abgabe [f] an den Verbraucher

market regulation Marktordnung [f]

marking; coding Markierung [f]

masticatory substance; chewing gum base; gum base Kaumasse [f]

maximum level Höchstmenge [f]

measure messen

measure; measuring unit Maß [n]; Maßeinheit [f]

measuring Messen [n]

meat hygiene Fleischhygiene [f]

meat inspection Fleischbeschau [f]

Meat Inspection Division of the United States Department of Agriculture (für den Verkehr mit Fleisch zuständige Behörde des US-amerikanischen Landwirtschaftsministeriums)

meat inspector Fleischbeschauer [m]

medical food US (Lebensmittel für Personen, die an besonderen Krankheiten leiden)

migration Stoffübergang [m] (z.B. aus Verpackungen]; Übergang [m] von Stoffen; Migration [f]

milk hygiene Milchhygiene [f]

mineral Mineralstoff [m]

minimum durability; best-before date; date of minimum durability Mindesthaltbarkeitsdatum [n]

misbrand; mislabel falsch bezeichnen

misbranding; mislabelling; misleading description Falschbezeichnung [f]; irreführende Bezeichnung [f]; irreführende Aufmachung [f]

Miscellaneous Food Additives Regulations (Zulassungsverordnung für Lebensmittelzusatzstoffe außer Farbstoffen und Süßungsmitteln im UK)

mislabel siehe misbrand

mislabelling siehe misbranding

mislead irreführen

misleading description siehe misbranding

modified starch modifizierte Stärke [f]

molding aid US siehe release agent

molding agent US siehe release agent

mold release agent US siehe release agent

monitoring Überwachen [n]

monitoring system Überwachungssystem [n]; Kontrollsystem [n]

most prominent claim US (besonders hervorgehobene Werbebehauptung)

moulding agent GB siehe release agent

moulding release agent GB siehe release agent

multipack; multi-unit pack; collation pack Sammelpackung [f]

multi-unit pack siehe multi pack

mycotoxin Mycotoxin [n]

N

natural flavour; natural flavouring substance; natural flavouring agent natürlicher Aromastoff [m]

natural flavouring agent siehe natural flavour

natural flavouring substance siehe natural flavour

natural food siehe health food

nature siehe quality

nature-identical naturidentisch

nature-identical flavouring agent siehe nature-identical flavour

nature-identical flavouring substance siehe nature-identical flavour

nature-identical flavour; nature-identical flavouring substance; nature-identical flavouring agent naturidentischer Aromastoff [m]

nauseating ekelerregend

non-alcoholic alkoholfrei

non-alert notification (Schnellinformation der Kommission der EU über eine mögliche, von Lebensmitteln ausgehende Gefahr)

non-consumable nicht zum Verzehr [m] bestimmt

nonconsumer package US (nicht für den Endverbraucher bestimmte Packung)

non-returnable container packing; one-trip container Einwegbehälter [m]; Einwegpackung [f]

novel food neuartiges Lebensmittel [n] (bisher als Lebensmittel unbekanntes Produkt oder ein solches aus ungewöhnlichen Zutaten)

nutraceutical siehe functional food

nutrient Nährstoff [m]

nutrient claim siehe nutrition claim

nutrient supplement; nutritive additive Nährstoffzusatz [m]

nutritional ernährungsphysiologisch

nutritional labeling US siehe nutritional labelling

nutritional labelling GB; nutrition labeling US; nutritional labeling US Nährwertkennzeichnung [f]; Nährstoffkennzeichnung [f]

nutritional value Nährwert [m]

nutrition claim; nutrient claim nährwertbezogene Werbebehauptung [f]

nutrition labeling US siehe nutritional labelling GB

nutritive additive siehe nutrient supplement

nutritive sweetener; sugar substitute; caloric sweetener; bulk sweetener kalorienhaltiges Süßungsmittel [n]; Zuckeraustauschstoff [m]

O

object siehe condemn

objection siehe condemnation

objection Einspruch [m]

obligatory gesetzlich vorgeschrieben

obligatory admixture Beimischungszwang [m]

obtain gewinnen

obtaining Gewinnung [f]; Gewinnen [n]

offer anbieten; feilbieten

offering Anbieten [n]; Feilbieten [n]

official amtlich

one-trip container US siehe non-returnable packing

optional wahlfrei (Zusatzstoff)

optional ingredient erlaubter Zusatzstoff [m]

order; ordinance Rechtsverordnung [f]; Verordnung [f]; Verfügung [f]; Erlass [m]

ordinance siehe order

organic food siehe health food

P

pack packen; abpacken

pack; package; box Packung [f]

package siehe pack

packaged in a protective atmosphere unter Schutzatmosphäre [f] verpackt

packaging material; packing material Verpackungsmittel [n]; Packmaterial [n]

packing Abpacken [n]

packing gas; protective gas Packgas [n]; Schutzgas [n]

packing material siehe packaging material

parave siehe pareve

parcel siehe lot

pareve; parave; parve neutral (im Sinne der jüdischen Speisegesetze weder Milch noch Fleisch)

parve siehe pareve

perishable leicht verderblich

permission siehe legal permission

pest control agent siehe pesticide

pesticide; pest control agent Schädlingsbekämpfungsmittel [n]; Pestizid [n]

pesticide; pest control agent Pestizid [n]; Schädlingsbekämpfungsmittel [n]

pharmacologically active substance Stoff [m] mit pharmakologischer Wirkung

pharmafood siehe functional food

pH control agent US siehe acidity regulator

pH modification agent US siehe acidity regulator

plant protectant; crop protectant Pflanzenschutzmittel [n]

pollutant Schadstoff [m]

positive list Positivliste [f] (Zusatzstoffe)

positive-list system System [n] der positiven Listen (Zusatzstoffe)

power siehe authorization

precipitant sich absetzend

precipitant siehe clarifying agent

precipitating agent siehe clarifying agent

premise Anlage [f]; Räumlichkeit [f] (Fabrikteil)

premium quality; A; A1; choice erstklassige Qualität [f]; erste Qualität [f]; erste Güteklasse [f]

prepackaged good siehe consumer pack

preparation; preparing Zubereiten [n]; Zubereitung [f] (Tätigkeit)

prepare zubereiten; bearbeiten

preparing siehe preparation

prescribed vorgeschrieben

prescribed energy statement vorgeschriebene Brennwertangabe [f]

preservative; antimicrobial agent; antimicrobial preservative; food preservative Konservierungsstoff [m]; Konservierungsmittel [n] AT

price Preis [m]

price information siehe price

price; price information; pricing Preisangabe [f]

pricing Preisauszeichnung [f]

pricing siehe price

principal display panel US Hauptsichtfeld einer Fertigpackung

process verarbeiten

processing Verarbeitung [f]

processing aid; technical aid; food processing aid; aid; manufacturing auxiliary GB technischer Hilfsstoff [m]; Verarbeitungshilfe [f]; Verarbeitungshilfsstoff [m]

processing standard Verarbeitungsnorm [f]

produce herstellen

produce (bes. frisch angebotenes, nicht verarbeitetes Agrarprodukt)

producer; fabricator; manufacturer; maker Hersteller [m]; Erzeuger [m]; Produzent [m]

production control; factory control Produktionssteuerung [f]; Fabrikationskontrolle [f]

product liability Produkthaftung [f]

product safety Produktsicherheit [f]

prohibit verbieten; untersagen

prohibition; ban Verbot [n]

prohibition order Verbotsverfügung [f]

propellant; propellent; propellent gas Treibgas [n]

propellant gas siehe propellant

propellent siehe propellant

proprietary name siehe brand name

protected designation of origin geschützte Herkunftsbezeichnung [f]; geschützte Ursprungs-bezeichnung [f]

protected geographical indication geschützte geographische Angabe [f]

protection of consumer's health Gesundheitsschutz [m] des Verbrauchers

protection of health siehe health protection

protective gas siehe packing gas

public analyst Chemiker [m] in der Lebensmittelüberwachung

public health öffentliches Gesundheitswesen [n]

public information Information [f] der Öffentlichkeit

pull date; use-by-date Verfallsdatum [n]; letzter Verkaufstag [m]; Verbrauchs-datum [n]

puritiy criteria Reinheitsanforderungen [pl f]

Q

quality Qualität [f]

quality; nature; state Beschaffenheit [f]

quality deterioration Qualitätsverschlechterung [f]

quality label siehe quality mark

quality mark; quality label; certification mark US Gütezeichen [n]

quality regulation Qualitätsvorschrift [f]

quantitative ingredient declaration siehe QUID

quantum satis quantum satis (die zur Erreichung einer bestimmten Wirkung gerade ausreichende Menge eines Zusatzstoffes)

QUID; quantitative ingredient decoration QUID; quantitative Zutatenkennzeichnung [f]; Mengenkennzeichnung [f] von Zutaten

R

raising agent siehe leavening agent

rapid-alert notification (Schnellinformation der Kommission der EU über den Verdacht auf eine ernste und unmittelbare von Lebensmitteln ausgehende Gesundheitsgefahr)

RDA siehe recommended daily allowance

RDI siehe recommended daily allowance

reaction flavouring Reaktionsaroma [n]

reaction product Umwandlungsprodukt [n]

recall zurückrufen; zurückholen

recall Rückruf [m]

recipe GB siehe formulation

recommended daily allowance; recommended daily intake; recommended daily amount GB; RDI; RDA empfohlene tägliche Aufnahmemenge [f]

recommended daily amount GB siehe recommended daily allowance

recommended daily intake siehe recommended daily allowance

reduced in... mit reduziertem Gehalt an...

regulation Gesetzesvorschrift [f] (allgemein)

regulation; council regulation Verordnung [f] (der Europäischen Union, die automatisch in jedem Mitgliedstaat gilt)

release agent; releasing agent; antistick agent; depanning agent; pan release agent; mould release agent GB; mold release agent US; moulding agent GB; molding aid US; lubricant Formtrennmittel [n]; Trennmittel [n]

releasing agent siehe release agent

religious dietary laws religiöse Speisevorschriften [pl f]; religiöse Speisegesetze [pl n]

remove entfernen

repeal aufheben; außer Kraft setzen (gesetzliche Bestimmung)

requirement Anforderung [f] (allgemein)

reserved description vorbehaltene Bezeichnung [f]

residue Rückstand [m] (von Kontaminanten u. a.)

retailer Einzelhändler [m]

returnable package Mehrwegpackung [f]

revenue seal siehe tax seal

revocation Widerruf [m] (einer gesetzlichen Bestimmung)

risk assessment Risikoabschätzung [f]

rule Regel [f]; Richtlinie [f]; Rechtsregel [f]; Norm [f]; Vorschrift [f]

S

safeness siehe safety

safety; safeness; harmlessness Unbedenklichkeit [f]

safety factor Sicherheitsfaktor [m]

salt tax; gabelle Salzsteuer [f]

sample; specimen Warenmuster [n]; Warenprobe [f]; Muster [n]

sampling Probenahme [f]

sanitary standard; hygiene standard Hygienestandard [m]

scope of law Anwendungsbereich [m] (eines Gesetzes)

secondary direct food additive US (Zusatzstoff, der wieder aus einem Lebensmittel entfernt wird)

sequestrant; sequestring agent; complexing agent; chelating agent Komplexbildner [m]; Chelatbildner [m]; Komplexierungsmittel [n]

sequestring agent siehe sequestrant

setting agent siehe gelling agent

single pack siehe unit package

smoke flavour; smoke flavouring Raucharoma [n] (als Zusatz)

smoke flavouring siehe smoke flavour

source of phenylalanine Phenylalaninquelle [f]

special emphasis; emphasis besondere Hervorhebung [f] (einer Zutat auf der Zutatenliste)

specimen siehe sample

stabilizer; stabilizing agent Stabilisator [m]; Stabilisierungsmittel [n]

stabilizing agent siehe stabilizer

stamp stempeln

stamping Stempeln [n]

standard Norm [f]; Standard [m]

standardized food US (Lebensmittel, für das es einen Standard gibt)

standard of identity US Warenstandard [m]

starter cultures siehe cultures of microorganisms

state siehe quality

statutory exemption siehe exemption provision

statutory instrument GB siehe order

statutory order siehe order

stock siehe store

stocking siehe storing

store; stock aufbewahren; lagern

storing; stocking Aufbewahren [n]; Lagern [n]

substandard US; substandard quality US zweite Wahl [f]; unter der Norm [f]

substandard quality US siehe substandard US

substitute; replacement; replacer; ersatz; surrogate; analogue; analog US; mimic; mimetic Ersatzmittel [n]; Ersatz [m]; Ersatzstoff [m]; Surrogat [n]; Austauschstoff [m]

sugar, with no added ohne Zuckerzusatz [m]

sugar products Zuckerarten [pl f]

surface treatment agent Oberflächenbehandlungsmittel [n]

suspected verdächtig; unter Verdacht stehend

sweetener; sweetening agent; edulcorant Süßungsmittel [n]; Süßmittel [n]

sweetening agent siehe sweetener

T

table salt siehe cooking salt

table-top sweetener Tafelsüße [f]

tag; ticket Preisschildchen [n]; Anhängeetikett [n]

tag auszeichnen (Ware mit einem Preis versehen)

tax Steuer [f]; Abgabe [f]

tax siehe duty GB

tax on spirits Branntweinsteuer [f]

tax seal; revenue seal siehe Banderole [f] (für Steuerzwecke)

technical aid siehe processing aid

technologically essential technisch notwendig (Zusatzstoff)

technological need technische Notwendigkeit [f] (Zusatzstoff)

test laboratory Prüflabor [n]

thickener siehe thickening agent

thickening agent; thickener; binding agent; binder Verdickungsmittel [n]; Dickungsmittel [n]; Bindemittel [n]

ticket siehe tag

tobacco products Tabakerzeugnisse [pl n]

trace element Spurenelement [n]

trade description Handelsbezeichnung [f]

trade practice Handelsbrauch [m]

transitional provision Übergangsregelung [f]; Übergangsbestimmung [f]

transport verbringen; befördern

transport container Transportbehälter [m]

treat behandeln

treating Behandeln [n]

treatment Behandlung [f]

U

ultimate consumer Endverbraucher [m]; Letztverbraucher [m]

unintentional food additive US siehe contaminant

unit pack siehe unit package

unit package; unit pack; single pack Einzelpackung [f]

unprocessed food unbehandeltes Lebensmittel [n]

use (by...) GB verbrauchen (bis...)

use-by-date siehe pull date

V

veterinary supervision tierärztliche Lebensmittelüberwachung [f]

view Verkehrsauffassung [f]

volume marking Volumenangabe [f]

voluntary freiwillig (z. B. Deklaration)

W

weigh wiegen

weighing Wiegen [n]

weight Gewicht [n]

weight loss Gewichtsverlust [m]

weight marking Gewichtsangabe [f]

wrapping material Umhüllung [f]

X, Y, Z

Keine Einträge

Zweiter Teil

German - English
Deutsch - Englisch

A

abfüllen fill

abfüllen (auf Flaschen) bottle

Abfüllen [n] filling

Abfüllen [n] **(auf Flaschen)** bottling

Abfüller [m] bottler

Abgabe [f] siehe Steuer [f]

Abgabe [f] **(an den Verbraucher)** handing over; delivery

abgeben hand over

abgefüllt für... bottled for...

abgefüllt von... bottled by...

abgelaufen (Mindesthaltbarkeitsdatum) date-elapsed

Abpackdatum [n] date of packaging

abpacken pack

Abpacken [n] packing

absteigende Reihenfolge [f] **(Zutatenliste)** descending order

Abtropfgewicht [n] drained weight

Agrarerzeugnis [n] agricultural product; agricultural produce

akkreditieren accredit

Akkreditierung [f] accrediting

alkoholfrei non-alcoholic

Alkoholgesetze siehe Schankgesetze

Allgemeinverfügung [f] (general order)

Aminosäure [f] amino acid

amtlich official

amtliche Sammlung [f] **von Untersuchungsverfahren** (German official compilation of test procedures)

Anbieten [n]; **Feilhalten** [n] offering

anbieten; feilhalten offer

Anforderung [f] **(allgemein)** requirement

Anforderungen [pl f] **an die Lebensmittelsicherheit** food safety requirements

angemessener Grad [m] **des Verbraucherschutzes** appropriate level of protection; ALOP

angereichert mit... enriched with...

Anhängeetikett siehe Preisschildchen

Anhörung [f] hearing

Anlage [f]; **Räumlichkeit** [f] **(Fabrikteil)** premise

annehmbare Qualitätsgrenze [f] acceptable quality level

Ansatz [m]; **Charge** [f]; **Partie** [f] batch

Antibackmittel [n]; **Antiklumpungsmittel** [n]; **Rieselhilfe** [f] **(Mittel zur Erhaltung der Rieselfähigkeit)** anticaking agent; anti-baking agent US; antiagglomerant; lubricant; free-flow agent; free-flowing agent; glidant; flow conditioner; flowing aid; flow aid

Antiklumpungsmittel siehe Antibackmittel

Antioxidans [n]; **Antioxidationsmittel** [n] antioxidant

Antioxidationsmittel siehe Antioxidans

Anwendungsbereich [m] scope of law

Aromaextrakt [m] aroma extract

Aromastoff [m]; **Aromatisierungsmittel** [n] flavouring agent; flavouring substance; flavouring GB; aroma substance; flavouring ingredient

Aromastoff [m]; **Geschmacksstoff** [m] flavouring agent

Aromatisierungsmittel siehe Aromastoff

Aromatisierungsmittel [n]; **Duftstoff** [m] aromatic

Aromaverstärker [m]; **Geschmacksverstärker** [m] flavour enhancer GB; flavour potentiator GB; flavor enhancer US; flavor potentiator US; flavor modifier US

Aromazusatz [m] flavour addition; aroma additive; food flavouring

Arzneimittel [n] drug

aufbewahren; lagern store; stock

Aufbewahrung [f]; Lagern [n] storing; stocking

auf Grund von... (Bezeichnung in Richtlinien der EU im Sinne von gesetzlichen Grundlagen) siehe gestützt auf...

aufheben; **außer Kraft setzen (gesetzliche Bestimmung)** repeal

Ausfuhr siehe Export

Auslage [f] display

auslegen; **zur Schau** [f] **stellen** display

Ausnahmegenehmigung [f] exceptional provision; exemption permit; exemption provision; statutory exemption

Ausnahmeregelung [f] exemption

ausreichende Kenntlichmachung [f] adequate labelling

außer Kraft setzen (gesetzliche Bestimmung) siehe aufheben

auszeichnen (Ware mit einem Preis versehen) tag

Authentifizierung [f]; **Echtheitsbescheinigung** [f] authentication

Authentizität [f]; **Echtheit** [f]; **Unverfälschtheit** [f] authenticity; genuineness

B

Backmittel [n] bakery additive; baking agent; baking additive; bread improver; baking improver

Backtriebmittel siehe Teiglockerungsmittel

Ballaststoff [m] dietary fibre GB; dietary fiber US

Banderole [f] tax seal; revenue seal

beanstanden condemn; object

beanstandet condemned

Beanstandung [f] condemnation; objection

Beanstandungsgrenze [f] condemnation level

bearbeiten siehe zubereiten

Bedarfsgegenstände [pl m] (objects destined to come into contact or reacting with food or the human body like packages, certain clothing, cleansing agents and similar non-food items)

befördern transport

Begleitpapiere [pl n] accompanying documents

Begleitstoff siehe Hilfsstoff

Begriffsbestimmung [f] definition

Behälter [m]; **Behältnis** [n] container

Behältnis siehe Behälter

behandeln treat

Behandeln [n] treating

Behandlung [f] treatment

behördliche Genehmigung (zum Alkoholausschank) siehe Konzession

Beimischungszwang [m] obligatory admixture

Beratender Lebensmittelausschuss [m] **(der EU)** Advisory Committee on Food

Berichtigung (Gesetz) siehe Ergänzung

Beschaffenheit [f] quality; nature; state

Bescheinigung [f] certificate

besondere Hervorhebung [f] **(einer Zutat auf der Zutatenliste)** special emphasis; emphasis

bestimmt für... destined for...

Bestrahlung [f] irradiation

Betrug [m] fraud

Betrug am Verbraucher siehe Verbraucherbetrug

Bezeichnung [f]; **Markierung** [f] mark

Bierbesteuerung [f] beer taxation

bilanzierte Diät [f] **(diätetisches Lebensmittel für besondere medizinische Zwecke)** food for special medical purposes

Bindegewebe [n] connective tissue

Bindemittel siehe Verdickungsmittel

Bindemittel [n] **(Tabletten)** binder

Bleichmittel [n] bleaching agent

Blickfeld siehe Sichtfeld

Branntweinsteuer [f] tax on spirits

Brennwertangabe [f] energy statement

brennwertvermindert; kalorienvermindert energy reduced; calorie reduced

brennwertvermindertes Lebensmittel [n] calorie reduced food; countline product

Britische Norm [f] BS; British Standard

Bußgeld [n] fine

C

Caterer [m] **(Lieferant für Speisen u. Getränke)** caterer

Charge siehe Posten

Charge siehe Ansatz

Chelatbildner siehe Komplexbildner

Chemiker [m] **in der Lebensmittelüberwachung** public analyst

cholesterinarm low cholesterol

D

Datumskennzeichnung [f]; **Datumskodierung** [f] date coding; dating; date marking; date stamping

Datumskodierung siehe Datumskennzeichnung

Deklaration [f]; **Kennzeichnung** [f] declaration

deklarieren label

deklarieren; **kennzeichnen** declare

denaturieren; **vergällen; ungenießbar machen** denature

Denaturierung [f]; **Vergällung** [f] denaturation

Desinfektion [f] disinfection; sanitizing US

Desinfektionsmittel [n] disinfectant; sanitizer US; sanitazing agents US

Deutsches Lebensmittelbuch [n] (German compilation of guidelines on food)

Diabetikerlebensmittel [n] diabetic food

Dickungsmittel siehe Verdickungsmittel

Dosenpfand [n] can deposit

Dringlichkeitsfall [m] emergency

Dringlichkeitsverordnung [f] (emergency regulation)

DTA siehe duldbare tägliche Aufnahmemenge

Duftstoff siehe Aromatisierungsmittel

duldbare tägliche Aufnahmemenge [f]; **DTA** [f] ADI; acceptable daily intake

Düngemittel-Rückstände [pl m] fertilizer residues

Durchführungsbestimmung [f] implimenting regulation

Durchschnittsgewicht [n] average weight

Durchschnittsverbraucher [m] average consumer

E

"e" (Vermerk auf Etiketten, wenn bei der Abfüllung bestimmte eichrechtliche Anforderungen erfüllt sind) "e", "e" mark

EAN-Code siehe Strichcode

Echtheit siehe Authentizität

Echtheitsbescheinigung siehe Authentifizierung

EG-Nummer siehe E-Nummer

Eilverordnung [f] **bei Vorliegen besonderer gesundheitlicher Risiken** emergency control order GB; emergency prohibition

Einfuhr siehe Import

Einspruch [m] objection

einwandfreie Fabrikationsweise siehe gute Herstellungspraxis

Einwegbehälter [m]; **Einwegpackung** [f] non-returnable packing; one-trip container US

Einwegpackung siehe Einwegbehälter

Einzelhändler [m] retailer

Einzelpackung [f] unit package; unit pack; single pack

Einziehung (f) confiscation

ekelerregend nauseating

"e" mark siehe "e"

empfohlene tägliche Aufnahmemenge [f] recommended daily allowance; recommended daily intake; recommended daily amount GB; RDI; RDA

Emulgator [m] emulsifier; emulsifying agent

Enderzeugnis [n]; **Endprodukt** [n] finalproduct

Endprodukt siehe Enderzeugnis

Endverbraucher [m]; **Letztverbraucher** [m] ultimate consumer

entfernen remove

enthalten contain

Entschäumer [m]; **Schaumverhütungsmittel** [n] antifoaming agent; antifoam US; defoaming agent; antifoam agent US; defoamer; foam control agent; foam retarding agent

Entseuchung [f] decontamination

Entwesung [f] disinfestation

E-Nummer [f]; EG-Nummer [f] E number

Enzym [n] enzyme

Enzympräparat [n]; **Enzymzubereitung** [f] enzyme preparation; industrial enzyme

Enzymzubereitung siehe Enzympärat

Ergänzung [f]; **Berichtigung** [f] (Gesetz) amendment

Erlass siehe Rechtsverordnung

Erlaubnis siehe Konzession

erlaubter Zusatzstoff [m] optional ingredient

ermächtigen empower

Ermächtigung [f] authorization; power

ernährungsphysiologisch nutritional

erste Qualität [f]; **erste Güteklasse** [f]; **erstklassige Qualität** [f] premium quality; A; A1; choice

erstklassige Qualität siehe erste Qualität

Erzeuger siehe Hersteller

essen eat

Etikettierung [f] labelling GB; labeling US

Export [m]; Ausfuhr [f] export

Exporteur [m] exporter

Extraktionslösemittel [n] **Extraktionslösungsmittel** [n] extraction solvent; extracting solvent; extractant

Extraktionslösungsmittel siehe Extraktionslösemittel

F

Fabrikationsdatum siehe Hersteller

Fällungsmittel siehe Klärmittel

Färbemittel siehe Lebensmittelfarbstoff

falsch siehe nachgemacht

falsch bezeichnen misbrand; mislabel

Falschbezeichnung [f]; **irreführende Bezeichnung** [f]; **irreführende Aufmachung** [f] misbranding; mislabelling; misleading description

falsche Bezeichnung [f] **(Angabe auf Etiketten usw.)** false trade description

falsche Bezeichnung [f] **(Tätigkeit)** falsly describing

Farbmittel siehe Lebensmittelfarbstoff

Farbstabilisator [m] colour fixative; color control agent US; colour stabilizer GB; color stabilizer US; color retention agent US

Farbstoff siehe Lebensmittelfarbstoff

Farbstoffzusatz siehe Lebensmittelfarbstoff

feilhalten siehe anbieten

fein; **von besonderer Qualität** [f] fine

Fertigpackung [f] consumer pack; consumer package; prepackaged good

fettarm low fat

Flaschenpfand [n] bottle deposit

Fleischbeschau [f] meat inspection

Fleischbeschauer [m] meat inspector

Fleischhygiene [f] meat hygiene

Flockungsmittel siehe Klärmittel

Formtrennmittel [n]; **Trennmittel** [n] release agent; releasing agent; antistick agent; depanning agent; pan release agent; mould release agent GB; mold release agent US; moulding agent GB; molding aid US; lubricant

freier Warenverkehr [m] free trade

Freiname [m]; **generische Bezeichnung** [f] generic name

frei von...; **ohne**... free from...

Füllmenge [f] filling quantity

Füllmengenangabe [f]; **Füllmengenbezeichnung** [f] capacity marking

Füllmengenbezeichnung siehe Füllmengenangabe

Füllstoff [m] bulking agent; bulking aid; filling agent; filler

funktionelles Lebensmittel [n] functional food; designer food; food for specified health use; nutraceutical; pharmafood

Futtermittel [n] feed; feedstuff; animal feed

G

Gattungsbezeichnung [f] (generic name)

Gebrauchsanweisung [f] instructions for use

Gebrauchsgerät [n]; **Werkzeug** [n]; **Gerät** [n] implement

Gegenprobe [f] counter sample; control sample

Gehalt [m] content

Gelierhilfsmittel siehe Geliermittel

Geliermittel [n]; **Gelierhilfsmittel** [n] gelling agent GB; jellifying agent US; jelling agent US; setting agent; gellant; gelant

Gemeinsame Marktorganisation [f] common organizations of the market

Gemeinschaftsrecht [n] **(der EU)** community law

Gemeinschaftsverpflegung [f] (institutional catering)

generische Bezeichnung siehe Freiname

genetisch verändert genetically modified; GM

genetisch veränderte Mikroorganismen [pl m] genetically modified organisms; GMOs

genetisch verändertes Lebensmittel [n] genetically modified food; GM food

Gentechnik [f] gene technology

Genusswert [m] enjoyment value

geographische Angabe [f] geographical indication

Gerät siehe Gebrauchsgerät

Geschmacksstoff siehe Aromastoff

Geschmacksverstärker siehe Aromaverstärker

geschützte geographische Angabe [f] protected geogra-phical indication

geschützte Herkunftsbezeichnung [f]; **geschützte Ursprungsbezeichnung** [f] protected designation of origin

geschützte Ursprungsbezeichnung siehe geschützte Herkunftsbezeichnung

Gesetz siehe Gesetzesvorschrift

Gesetz [n]; **Gesetzvorschrift** [f] act GB; law US

Gesetzesvorlage [f] bill US

Gesetzesvorschrift [f] **(allgemein**) regulation

gesetzeswidrig; **illegal; rechtswidrig** illegal

Gesetzgebung [f] legislation

gesetzlich vorgeschrieben legally prescribed; obligatory

gesetzlich vorgeschrieben obligatory

gestützt auf...; **auf Grund von**... have regard to ...

gesundheitsbezogene Aussage [f] health message

gesundheitsbezogene Werbeaussage [f] health claim

gesundheitsbezogene Werbung [f] (health-related advertising)

Gesundheitskost siehe Reformkost

Gesundheitsrisiko [n] health risk

gesundheitsschädlich injurious to health; dangerous; harmful

Getränkesteuer [f] beverage tax

gewerbsmäßig commercially

Gewicht [n] weight

Gewichtsangabe [f] weight marking

Gewichtsverlust [m] weight loss

gewinnen obtain

Gewinnen [n]; Gewinnung [f] obtaining

Gewinnung siehe Gewinnen

Glasiermittel [n]; **Überzugsmittel** [n] glazing agent; glacing agent

gute Herstellungspraxis [f]; **einwandfreie Fabrikationsweise** [f] good manufacturing practice; GMP

gute Laborpraxis [f] good laboratory practice; GLP

Gütezeichen [n] quality mark; quality label; certification mark US

H

haftbar; **verantwortlich** liable

Haftung [f] **(im gesetzlichen Sinne)** liability

halal halal (acceptable for Muslims)

Handelsbezeichnung [f] trade description

Handelsbrauch [m] trade practice

Handelsklasse [f] grade

haram haram (unacceptable for Muslims)

Hauptsichtfeld [n] **einer Fertigpackung** principal display panel US

Herkunftsbezeichnung [f] declaration of origin

Herkunftsland [n]; **Ursprungsland** [n] country of origin

Herstelldatum [n]; **Herstellungsdatum** [n]; **Fabrikationsdatum** [n] production date

Herstelldatum [n]; **Herstellungsdatum; Fabrikationsdatum** [n] date of manufacture; manufacturing date; date of production

herstellen produce

Herstellen [n] producing

Hersteller [m]; **Erzeuger** [m]; **Produzent** [m] producer; fabricator; manufacturer; maker

Herstellungsdatum siehe Herstelldatum

Herstellungsrezept [n] siehe Herstellungsvorschrift [f]

Herstellungsvorschrift [f]; **Rezept** [n]; **Rezeptur** [f]; **Herstellungsrezept** [n] formulation; formula US; recipe GB;

hervorgehobe Werbebehauptung [f] most prominent claim US

Hilfsstoff [m] adjuvant

Hilfsstoff [m]; **Begleitstoff** [m] accessory

Höchstmenge [f] maximum level

Hygiene [f] hygiene

Hygienestandard [m] hygienic standard

Hygienestandard [m] sanitary standard; hygiene standard

I

illegal siehe gesetzeswidrig

Import [m]; **Einfuhr** [f] import

Importeur [m] importer

in den Verkehr bringen siehe vermarkten

Information [f] **der Öffentlichkeit** public information

Informationsetikett [n] information label

Inhalt [m] content

Inkraftsetzung [f] **(gesetzliche Bestimmung)** enforcement

inspizieren; kontrollieren inspect

Intensivsüßstoff siehe Süßstoff

in verfälschender Weise; **mit verfälschender Absicht** adulterately; adulterously

Inverkehrbringen [n] (bringing into circulation)

Inverkehrbringen [n] (marketing; consumer sales)

Ionenaustauscher [m] ion exchanger

ionisierende Bestrahlung ionizing radiation

irreführen mislead

irreführend deceptive

irreführende Aufmachung siehe Falschbezeichnung

irreführende Bezeichnung siehe Falschbezeichnung

J

jüdische Speisegesetze [pl n]; **mosaische Speisegesetze** [pl n] kashrut GB; kashruth US

K

kalorienarm low calorie

kalorienvermindert siehe brennwertvermindert

Kategorie [f] category [food additives)

kauen chew

Kauen [n] chewing

Kaumasse [f] masticatory substance; chewing gum base; gum base

Kenntlichmachung [f] identification

kennzeichnen siehe deklarieren

Kennzeichnung siehe Deklaration

Kennzeichnungsmerkmal siehe Kriterium

Kennzeichnungspflicht [f] declaration liability

Kennzeichnungsvorschrift [f] labeling act US

Kennzeichnungsvorschriften [pl f] labelling requirements

Klärhilfsmittel siehe Klärmittel

Klärmittel [n]; **Klärhilfsmittel** [n]; **Schönungsmittel** [n]; **Flockungsmittel** [n]; **Fällungsmittel** [n] clarifying agent; clarifier; fining agent; precipitant; precipitating agent; flocculating agent; flocculant; flocculent US; clarifying aid; fining

Kochsalz [n] cooking salt; table salt

Komplexbildner [m]; **Chelatbildner** [m]; **Komplexierungsmittel** [n] sequestrant; sequestring agent; complexing agent; chelating agent

Komplexierungsmittel siehe Komplexbildner

Konformität [f] siehe Übereinstimmung [f]

Konservierungsmittel AT siehe Konservierungsstoff

Konservierungsstoff [m]; **Konservierungsmittel** [n] AT preservative; antimicrobial agent; antimicrobial preservative; food preservative

Konsumerismus (überkritische Verbrauchereinstellung) siehe Verbraucherschutzbewegung

Kontaminante [f] contaminant; incidental additive US; unintentional food additive US

Kontamination [f]; **Verunreinigung** [f] contamination

kontrollieren siehe inspizieren

Kontrollsystem siehe Überwachungssystem

Konzession [f]; **Erlaubnis** [f]; **behördliche Genehmigung** [f] **(Alkoholausschank)** licence GB; license US

konzessionieren license

konzessioniert (Alkoholausschank) licenced GB; licensed US

Konzessionsgeber [m] licenser; licensor

koscher kosher; kasher

Koscherzertifikat [n]; **Koscherzeugnis** [m] hechsher; kosher certificate

Koscherzeugnis siehe Koschzertifikat

Kosmetikum [n]; **kosmetisches Mittel** [n] cosmetic

Kriterium [n]; **Kennzeichnungsmerkmal** [n] criterion

künstlicher Aromastoff [m] artificial flavour; artificial flavouring substance; artificial flavouring agent

künstlicher Farbstoff [m] artificial colour; artificial colouring; artificial colourant

künstlich; **nachgemacht** artificial

L

lagern siehe aufbewahren

Lagerung [f] stocking; storing

Lebensmittel [n] **aus ökologischem Anbau** ecolocically grown food

Lebensmittel [n]; **Nahrungsmittel** [n] food; foodstuff

Lebensmittelanlage [f] **(innerhalb einer anderen Fabrik)** food premises

Lebensmittelbestrahlung [f] food irradiation; irradiation

Lebensmittelechtheit [f] food authenticity

Lebensmittelfarbstoff [m]; **Farbstoff** [m]; **Farbstoffzusatz** [m]; **Farbmittel** [n]; **Färbemittel** [n] colour GB; color additive US; food colour GB; colourant GB; colorant US; colouring agent GB; colouring matter GB; coloring agent US; food dye

lebensmittelgeeignet food grade

Lebensmittelgesetz [n] food law

Lebensmittelgesetzgebung [f]; **Lebensmittelrecht** [n] food legislation; food regulations

Lebensmittelgewerbe [n] **(im weitesten Sinne)** food business

Lebensmittelkennzeichnung [f] food labelling

Lebensmittelkontaminante [f] food contaminant

Lebensmittel-Monitoring [n] food monitoring

Lebensmittelnorm [f]; **Norm** [f] **für Lebensmittel** food standard US

Lebensmittelprodukt [n] food product

Lebensmittelrecht [n] siehe Lebensmittelgesetzgebung

lebensmittelrechtliche Zulassung [f]; **Zulassung** [f] legal permission; permission; authorization; legal authorization; approval

Lebensmittelrohstoff [m] food source

Lebensmittelsicherheit [f] food safety; food security

Lebensmittelüberwachung [f] food inspection; food surveillance; food supervision

Lebensmittelverfälschung [f] food adulteration

Lebensmittelzusatzstoff [m]; **Zusatzstoff** [m] food additive; intentional food additive US; additive

Lebensmittelzutat siehe Zutat

legal legal; according to law

leicht light

leicht verderblich perishable

Leitsatz [m] guideline

letzter Verkaufstag siehe Verfallsdatum

Letztverbraucher siehe Endverbraucher

Los siehe Posten

lose Ware [f] bulk; bulk goods

Los-Kennzeichnung [f] lot labelling

Losumfang [m] lot size

M

Marke [f] brand

Marke [f]; **Schutzmarke** [f] mark

Markenname [m] brand name; proprietary name

Markenprodukt [n] branded food

Markierung siehe Bezeichnung

Markierung [f] marking; coding

Markt [m] market

Marktordnung [f] market regulation

Maß [n]; **Maßeinheit** [f] measure; measuring unit

Maßeinheit siehe Maß

Mehlbehandlungsmittel [n]; **Mehlverbesserungsmittel** [n] flour treatment agent; flour treating agent; flour improver; flour additive

Mehlverbesserungsmittel siehe Mehlbehandlungsmittel

Mehrwegpackung [f] returnable package

Mengenkennzeichnung von Zutaten siehe QUID

messen measure

Messen [n] measuring

Migration siehe Stoffübergang

Mikroorganismenkulturen [pl f] cultures of microorganisms; starter cultures

Milchgesetzgebung [f] dairy legislation

Milchhygiene [f] milk hygiene

mindestens haltbar bis... best before; use before US

Mindesthaltbarkeitsdatum [n] minimum durability; best-before date; date of minimum durability

Mineralstoff [m] mineral

Missbrauch [m] abuse

mit verfälschender Absicht siehe in verfälschender Weise

modifizierte Stärke [f] modified starch

mosaische Speisegesetze siehe jüdische Speisegesetze

Muster siehe Warenmuster

Mykotoxin [n] mycotoxin

N

nachgemacht; falsch imitated

nachmachen imitate

Nährstoff [m] nutrient

Nährstoffkennzeichnung siehe Nährwertkennzeichnung

Nährstoffzusatz [m] nutrient supplement; nutritional additive

Nährwert [m] nutritional value

nährwertbezogene Werbebehauptung [f] nutrition claim; nutrient claim

Nährwertkennzeichnung [f]; **Nährstoffkennzeichnung** [f] nutritional labelling GB; nutrition labeling US; nutritional labeling US

Nahrungsergänzungsmittel [n] food supplement

Nahrungsmittel [n] siehe Lebensmittel [n]

natriumarm low sodium

natürlicher Aromastoff [m] natural flavour; natural flavouring substance; natural flavouring agent

naturidentisch nature-identical

naturidentischer Aromastoff [m] nature-identical flavour; nature-identical flavouring substance; nature-identical flavouring agent

neuartiges Lebensmittel [n] novel food

neutral (im Sinne der jüdischen Speisegesetze weder Milch noch Fleisch) pareve; parave; parve

nicht zum Verzehr bestimmt non-consumable

Norm siehe Regel

Norm [f] **für die Zusammensetzung (eines Lebensmittels)** compositional standard

Norm [f]; **Standard** [m] standard

Norm für Lebensmittel siehe Lebensmittelnorm

O

Oberflächenbehandlungsmittel [n] surface treatment agent

öffentliches Gesundheitswesen [n] public health

ökologisch ecological

ohne.. siehe frei von ...

ohne Zuckerzusatz [m] with no added sugar

Ordnungswidrigkeit [f] administrive offence

P

Packgas [n]; **Schutzgas** [n] packing gas; protective gas

Packmaterial siehe Verpackungsmittel

Packung [f] pack; package; box

Packungsdeklaration [f] label declaration

panschen (Wein) adulterate

Panschen [n] (Wein) adulteration

Partie siehe Sendung

Partie siehe Ansatz [m]

Pestizid [n]; **Schädlingsbekämpfungsmittel** [n] pesticide; pest control agent

Pfand [n] deposit

Pflanzenschutzmittel [n] plant protectant; crop protectant

Phantasiebezeichnung [f] made-up name; invented name; coined trademark US

Phenylalaninquelle [f] source of phenylalanine

Positivliste [f] **(Zusatzstoffe)** positive list

Posten [m]; **Los** [n]; **Charge** [f] lot; parcel

Preisangabe [f] price; price information

Preisauszeichnung [f] pricing

Preisschildchen [n]; **Anhängeetikett** [n] tag; ticket

Probenahme [f] sampling

Produkthaftung [f] product liability

Produktsicherheit [f] product safety

produkt- und prozessspezifische Risikoanalyse [f] **(gezielte Qualitätskontrolle von Lebensmitteln)** HACCP; hazard analysis and critical control points

Produzent siehe Hersteller

Prüflabor [n] test laboratory

Q

Qualitätskontrolle [f] **von Lebensmitteln** food control

quantum satis (die zur Erreichung einer bestimmten Wirkung gerade ausreichende Menge eines Zusatzstoffes) quantum satis

QUID; Mengenkennzeichnung [f] von Zutaten; quantitative Zutatenkennzeichnung [f] QUID; quantitive ingredient declaration

R

Rahmenrichtlinie [f] (für Zusatzstoffe in der EU) framework directive

Raucharoma [n] **(als Zusatz)** smoke flavour; smoke flavouring

Räumlichkeit siehe Anlage

Reaktionsaroma [n] reaction flavouring

Rechtsposition [f]; **Rechtsstellung** [f] **(Zusatzstoff)** legal status

Rechtsstellung siehe Rechtsposition

Rechtsverordnung [n]; **Verordnung** [f]; **Verfügung** [f]; **Erlass** [m] order; ordinance; statutory instrument GB; statutory order

rechtswidrig siehe gesetzeswidrig

reduzierter Gehalt [m] **(an...)** reduced (in...)

Reformkost [f]; **Gesundheitskost** [f] health food; organic food; natural food

Regel [f]; **Richtlinie** [f]; **Rechtsregel** [f]; **Norm** [f]; **Vorschrift** [f] rule

Reinheitsanforderungen [pl f] puritiy criteria

religiöse Speisevorschriften [pl f]; **religiöse Speisegesetze** [pl n] religious dietary laws

Rezept siehe Herstellungsvorschrift

Rezeptur siehe Herstellungsvorschrift

Richtlinie [f] siehe Regel [f]

Richtlinie [f] **(der Europäischen Union, die von den Mitgliedstaaten in nationales Lebensmittelrecht umzusetzen ist)** directive; council directive

Rieselhilfe siehe Antibackmittel

Risikoabschätzung [f] risk assessment

Rohstoff [m] **(zur Lebensmittelherstellung)** foodstuff

Rückruf [m] recall

Rückstand [m] **(von Kontaminanten u. a.)** residue

S

Sachkenner [m]; **Sachverständiger** [m] expert

Säuerungsmittel [n] acidulant US; acidifier; acid

Säureregulator [m] acidity regulator GB; pH control agent US; pH modification agent US

Salzsteuer [f] salt tax; gabelle

Sammelpackung [f] multipack; multi-unit pack; collation pack

Schädlingsbekämpfungsmittel siehe Pestizid [n]

Schadstoff [m] pollutant

Schankgesetze [pl n]; **Alkoholgesetze** [pl n] licencing laws GB; excise laws US

Schaumstabilisator [m]; **Schaumstabilisierungsmittel** [n] foam stabilizer; foam strengthening agent; foam improver

Schaumstabilisierungsmittel siehe Schaumstabilisator

Schaumverhütungsmittel siehe Entschäumer

Schmelzsalz [n] emulsifying salt

Schönungsmittel siehe Klärmittel

Schutz [m] **der Gesundheit; Gesundheitsschutz** [m] health protection; protection of health

Schutzgas siehe Packgas

Schutzmarke siehe Marke

Sendung [f]; **Partie** [f] consignement

sich absetzend precipitant

Sicherheitsfaktor [m] safety factor

Sichtfeld [n]; **Blickfeld** [n] **(Lebensmitteletikett)** field of vision

signieren brand

sofortiger Verzehr siehe unmittelbarer Verzehr

Sorgfaltspflicht duty of care

Speisegesetz [n] dietary law

Spurenelement [n] trace element

Stabilisator [m]; **Stabilisierungsmittel** [n] stabilizer; stabilizing agent

Stabilisierungsmittel siehe Stabilisator

Standard siehe Norm

Staubverhütungsmittel [n] anti-dusting agent; dust control agent; anticrumbing agent

stempeln stamp

Stempeln [n] stamping

Steuer [f]; **Abgabe** [f] tax

Stoff [m] **mit pharmakologischer Wirkung** pharmacologically active substance

Stoffübergang [m]; **Übergang** [m] **von Stoffen; Migration** [f] migration

Straftat [f] criminal offence

Streckmittel siehe Verfälschungsmittel

Strichcode [m]; **EAN-Code** bar code

Süßstoff [m]; **Intensivsüßstoff** [m] intense sweetener; high intensity sweetener; artificial sweetener; high potency sweetener

Süßungsmittel [n]; **Süßmittel** [n] sweetener; sweetening agent; edulcorant

System [n] **der positiven Listen (Zusatzstoffe)** positive-list system

T

Tabakerzeugnisse [pl n] tobacco products

täuschen deceive

täuschend deceptive

Täuschung [f] deception

Tafelsüße [f] table-top sweetener

technische Notwendigkeit [f] technological need (additive)

technischer Hilfsstoff [m]; **Verarbeitungshilfe** [f]; **Verarbeitungshilfsstoff** [m] processing aid; technical aid; food processing aid; aid; manufacturing auxiliary GB

technisch notwendig technologically essential (additive)

Teiglockerungsmittel [n]; **Triebmittel** [n]; **Backtriebmittel** [n] leavening agent; aerating agent; raising agent; leavener

tierärztliche Lebensmittelüberwachung [f] veterinary supervision

Tierseuchengesetz [n] (animal diseases law)

Trägerlösemittel [n] carrier solvent

Trägerstoff [m] carrier

Transportbehälter [m] transport container

Treibgas [n] propellent; propellant gas

Trennmittel siehe Formtrennmittel

Triebmittel siehe Teiglockerungsmittel

trinken drink

Trinken [n] drinking

Trubstabilisator [m]; **Trübungsmittel** [n] clouding agent

Trübungsmittel siehe Trubstabilisator

U

Übereinstimmung [f]; **Konformität** [f] conformity

Übergangsbestimmung siehe Übergangsregelung

Übergangsregelung [f]; **Übergangsbestimmung** [f] transitional provision

Übergang von Stoffen siehe Stoffübergang

Übertretung siehe Zuwiderhandlung

Überwachen [n] monitoring

Überwachungssystem [n]; **Kontrollsystem** [n] monitoring system

Überzug [m] coating

Überzugsmittel siehe Glasiermittel

Umhüllung [f] wrapping material

Umsetzung [f] **(einer Richtlinie in nationales Recht)** implementation

Umwandlungsprodukt [n] reaction product

Umweltkontaminanten [pl f] environmental contaminants

Unbedenklichkeit [f] safety; safeness; harmlessness

unbehandeltes Lebensmittel [n] unprocessed food

unecht siehe falsch

ungenießbar machen siehe denaturieren

unmittelbarer Verzehr [m]; **sofortiger Verzehr** [m]; **Verzehr** [m] **an Ort und Stelle** immediate consumption

unrichtig siehe falsch

unter der Norm siehe zweite Wahl

untersagen siehe verbieten

unter Schutzatmosphäre [f] **verpackt** packaged in a protective atmosphere

unter Verdacht stehend siehe verdächtig

unter Zollverschluss [m] bonded

Unverfälschtheit siehe Authentizität

unwahr siehe falsch

Ursprungsland siehe Herkunftsland

V

verantwortlich siehe haftbar

verarbeiten process

Verarbeitung [f] processing

Verarbeitungshilfe siehe technischer Hilfsstoff

Verarbeitungshilfsstoff siehe technischer Hilfsstoff

Verarbeitungsnorm [f] processing standard

verbieten; untersagen prohibit

Verbot [n] prohibition; ban

Verbotsverfügung [f] prohibition order

verbrauchen (bis...) use (by...) GB

Verbraucher [m] consumer

Verbraucherbetrug [m]; **Betrug am Verbraucher** consumer fraud

Verbrauchererwartung [f] consumer expectations

Verbrauchergruppe [f] consumer group

Verbraucherschutz [m] consumer protection

Verbraucherschutzbewegung [f]; **Konsumerismus** [m] **(überkritische Verbrauchereinstellung)** consumerism

Verbrauchsdatum siehe Verfallsdatum

verbringen transport

verdächtig; **unter Verdacht stehend** suspected

Verdickungsmittel [n]; **Dickungsmittel** [n]; **Bindemittel** [n] thickening agent; thickener; binding agent; binder

Verfallsdatum [n]; **letzter Verkaufstag** [m]; **Verbrauchsdatum** [n] pull date; use-by-date

verfälschen adulterate

verfälschend adulterant

Verfälschung [f] adulteration; falsification

Verfälschungsmittel [n]; **Streckmittel** [n] adulterant

Verfügung siehe Rechtsverordnung

vergällen siehe denaturieren

Verkehrsauffassung [f] view

Verkehrsbezeichnung [f] generic name

vermarkten; **in den Verkehr bringen** market

Verordnung [f] siehe Rechtsverordnung [f]

Verordnung [f] **(der Europäischen Union, die automatisch in jedem Mitgliedstaat gilt)** regulation; council regulation

Verpackungsmittel [n]; **Packmaterial** [n] packaging material; packing material

verständlich (Packungsaufschrift) intelligible

Verständlichkeit [f] **(Packungsaufschrift)** intelligibility

Verunreinigung siehe Kontamination

Verwaltungsvorschrift [f] (administration order)

Verzehr siehe Verzehren

Verzehr an Ort und Stelle siehe unmittelbarer Verzehr

verzehren consume

Verzehren [n]; **Verzehr** [m] consumption

Vitamin [n] vitamin

Volumenangabe [f] volume marking

von besonderer Qualität siehe fein

vorbehaltene Bezeichnung [f] reserved description

vorgeschrieben prescribed

vorgeschriebene Brennwertangabe [f] prescribed energy statement

vorrätig halten keep in stock

Vorrätighalten keeping in stock

Vorschrift siehe Regel

Vorsorge [f] **treffen (dass eine Bestimmung eingehalten wird)** make provision

W

wahlfrei (Zusatzstoff) optional

Warenklasse [f]; **Warenqualität** [f] brand

Warenmuster [n]; **Warenprobe** [f]; **Muster** [n] sample; specimen

Warenprobe siehe Warenmuster

Warenqualität siehe Warenklasse

Warenstandard [m] standard of identity US

Werbeanzeige siehe Werbung

Werbebehauptung [f] claim

Werbung [f]; **Werbeanzeige** [f] advertisement

Werkzeug siehe Gebrauchsgerät

wertgemindert deteriorated

Wertminderung [f] deterioration

Widerruf [m] **(einer gesetzlichen Bestimmung)** revocation

wiegen weigh

Wiegen [n] weighing

X, Y

Keine Einträge

Z

Zielwert [m] **der Lebensmittelsicherheit** food safety objective; FSO

Zollager [n] bonded store; bond warehouse; bonded warehouse

Zollverschluss [m] bond

Zubereiten [n]; **Zubereitung** [f] **(Tätigkeit)** preparing

zubereiten; **bearbeiten** prepare

Zubereitung siehe Zubereiten

Zuckerarten [pl f] sugar products

Zuckeraustauschstoff [m] nutritive sweetener; bulk sweetener

Zuckerzusatz, ohne siehe ohne Zuckerzusatz

Zufuhr [f] **in den Magen** introducing into the stomach

zulassen (Lebensmittelrecht) approve

Zulassung siehe lebensmittelrechtliche Zulassung [f]

zum Verkauf [m] **anbieten** offer; offer to sell

zum Verzehr [m] **bestimmt** intended for human consumption

zur Schau stellen siehe auslegen

zurückholen siehe zurückrufen

zurückrufen; **zurückholen** recall

Zusammenfassung [f] **(mehrerer Einzelverordnungen)** consolidation

zusammengesetzte Zutat [f] compound ingredient

Zusatzstoff siehe Lebensmittelzusatzstoff

Zuschlag [m]; **Zuschlagstoff** [m] **(ohne eigene Funktion)** adjunct

Zuschlagstoff siehe Zuschlag

zusetzen add

Zutat [f]; **Lebensmittelzutat** [f] **ingredient**; food ingredient

Zutatenkennzeichnung [f] ingredient listing

Zutatenliste [f]; **Zutatenverzeichnis** [n] list of ingredients; ingredient list; ingredients state-ment US

Zuwiderhandlung [f]; **Übertretung** [f] contravention

zweite Güteklasse siehe zweite Qualität

zweite Qualität [f], zweite Güteklasse B

zweite Wahl [f]; **unter der Norm** [f] substandard US; substandard quality